1. Auflage 2020
Copyright © Lars-Oliver Schröder
Printed in Germany
Titelbild
Korrektorat u. Lektorat Monika Klein
Impressum
TWENTYSIX – Der Self-Publishing-Verlag
Eine Kooperation zwischen der Verlagsgruppe Random House und BoD – Books on Demand

Herstellung und Verlag:
BoD – Books on Demand, Norderstedt.

Bibliographische Information der Deutschen Nationalbibliothek: Die Deutsche Nationalbibliothek verzeichnet diese Publikation in der Deutschen Nationalbibliographie; detaillierte bibliographische Daten sind im Internet über http://dnd.d-nb.de abrufbar.

ISBN
Paperback: 97837 407 69147
Auch als E-Book erhältlich.

Das Werk, einschließlich seiner Teile, ist urheberrechtlich geschützt. Jede Verwertung ist ohne Zustimmung des Verlages und des Autors unzulässig. Dies gilt insbesondere für die elektronische oder sonstige Vervielfältigung, Übersetzung, Verbreitung und öffentliche Zugänglichmachung.

Wandern rund um Rügen

Wanderlustgeber

Lars-Oliver Schröder

Vorwort

Die Idee mit dieser Insel Rundwanderung kam aus heiterem Himmel in mein Leben. Gut, nun hatte mir eine Bekannte bereits im Februar davon vorgeschwärmt, doch damals hatte ich kein Gehör dafür, stand ich doch selber in der Vorbereitungsphase für die Camino de la Costa-Wandertour entlang der Atlantikküste Spaniens.
Aber das Frühjahr 2020 sah nicht nur für mich etwas komplett anderes vor, nein, sondern wohl für die gesamte Weltbevölkerung. War ich noch im März und April in einer Art beklemmende Angststarre oder Lethargie gefangen, so konnte ich mich im Mai aufraffen, davon lösen und sogar befreien. Mein Gehirn befahl mir, es tunlichst zu unterlassen, über verschwundene Möglichkeiten zu jammern oder zu klagen, um mich ganz gegenteilig auf andere noch denkbare und umsetzbare Projekte zu fokussieren.
Da war es ein weiterer Freund aus meinem Bekanntenkreis, der mir den Impuls schenkte, auf Rügen wandern zu gehen. „Wenn du sowieso dieses Jahr nicht dazu kommst, in Spanien zu wandern, dann schau dir hier doch mal direkt vor deiner Haustür Rügen an. Deutschlands größte Insel mit den Augen eines wandernden Schriftstellers betrachtet! Glaub mir, das interessiert gerade in solch schweren Zeiten viele Menschen." Was soll ich sagen, wo er recht hat, da hat er nun mal recht.
Doch die Corona-Krise sollte auch für dieses recht einfach wirkende Unterfangen ziemlich erschwerte Bedingungen stellen. So musste ich den Zeitpunkt abwarten, welcher selbst Stralsunder erlaubte, die Insel als Tagestourist zu betreten.

Im Juni war es dann so weit und die passende Schönwetterperiode ließ auch nicht lange auf sich warten. Ist es jetzt ein Zufall, dass ich eine Runde um Rügen drehe, um die Insel zu umwandern?
Aber an Zufälle glaube ich nun mal nicht.
Dieses Buch gilt all denen, die gerne selbst die Rügen-Umwanderung machen wollen oder aber in Teilstücken die reizvollsten Abschnitte nachgehen möchten. Die schönsten empfehle ich gesondert.
Hier ein paar harte Fakten: Einmal um die Insel herum bedeutet ca. 340 Kilometer Wegstrecke, die Innenküste am Großen- und Kleinen Jasmunder Bodden mal nicht mitgerechnet. An so manchen Küstenabschnitten ist ein Fußmarsch unmöglich, da es durch Schilf oder weichen morastigen Boden verhindert wird. An wiederum anderer Stelle musst du dich als Wanderer entscheiden, geht man nahe an der Wasserkante, die häufig aus Kies oder Sandstrand besteht oder nutzt man den Hochuferweg. An einigen Uferabschnitten hat man sogar drei Alternativen. 1. Den Weg direkt am Wasser entlang. 2. Den Hochuferweg, häufig durch dichten Wald mit grandiosen Fernblicken. 3. Den Radweg, der jedoch zumeist geteert ist, dafür einfacher zu marschieren und recht gut zu finden ist. Die Wanderwege haben mit den Radwegen nur eine gefühlte Überdeckung von 20 bis 25 Prozent, somit ist ein ungestörtes Spazieren immerzu möglich, denn Radfahrer sind sehr deutlich in der Überzahl. Überhaupt habe ich bei meiner Expedition nur eine weitere Langstreckenwanderin getroffen, dafür hunderte Fahrradfahrer.
Dieses Buch soll dabei eine Bresche zum Wandern schlagen, denn Rügen hat es verdient, als absolutes Wanderparadies bezeichnet zu werden.

Jeder Besucher sieht beim Betreten Rügens diesen Willkommensgruß und beim Verlassen grüßt Stralsund die Rückkehrer. Während ich dieses Bild, bei 27 Grad Außentemperatur, bereits leicht verschwitzt aufnehme, denke ich bei mir: ‚Nun mein Lieber, wirst du 8 bis 12 Tage marschieren, marschieren und marschieren und das ganze vom frühen Morgen bis zum späten Abend.' Bei diesem Gedankenspiel wird mir gleich mulmig und sofort bewusst, worauf ich mich dabei eingelassen habe. Doch schon wenig später auf dem windigen Rügendamm ist nicht nur mein Schweiß wie weggeblasen, sondern auch meine verquerten Gedankengänge haben sich in Luft aufgelöst.

Schon in Altefähr biege ich am Ortseingangsschild links ab und laufe zum Uferabschnitt. Es ist nur ein kleiner Schlenker, aber er gibt einen beeindruckenden Blick auf Stralsund frei. Nun bin ich nicht einmal ein Stündchen unterwegs, möchte mich dennoch kurz auf die Parkbank setzen, um die Aussicht zu genießen. Dann geht's herunter zum Hafen, dort den Hinweisschildern „Küstenwanderweg" folgend. Und bereits hier bin ich schon das erste Mal sprachlos, denn das hatte ich so nicht erwartet.
Unfassbar viel Wald! Man stapft vorbei am Baumkletterpark in dichten Laubwald hinein.
Nur kurz darauf werden dann doch meine Erwartungshaltungen mit Visionen von Wanderwegen immerzu am Wasser entlang erfüllt und direkt vor mir erscheint der Uferwanderweg.

Obwohl ich von der Zuwegung entzückt und hoch motiviert bin, entscheide ich mich dazu, kurzerhand an einem der zahlreichen Picknickstellen eine Rast einzulegen, denn zu schön sind die jeweiligen Aussichten, die sich einem hier zeigen. Gut, kilometertechnisch war es noch nicht so viel, dass eine Pause erforderlich wäre, aber das hatte ich mir bereits zu Beginn fest vorgenommen, jeweils an besonders reizvollen Stellen eine Verweilpause einzulegen, denn schließlich ist das hier kein Rennen!

Der weitere Weg entfernt sich vom Küstenrand und man durchquert Gravitz, Breesen und in Grabitz muss man aufpassen, da hier die Route zurück zum Küstenabschnitt führt. Man wandert häufig durch herrliche Auenlandschaften, die mich stets entzücken und faszinieren.

Etwas ist tatsächlich besonders bei der Rügen-Umwanderung: Auf der einen Seite befindet sich das Bodden-Gewässer, später die Ostsee und auf der Gegenseite grüne, zumeist unberührte Natur, häufig fern von Zivilisationslärm. Bei meiner Rundwanderung bin ich zu Beginn auf der Insel links gestartet und im Uhrzeigersinn um Rügen herumgelaufen. Ein praktisches Detail für den Langstreckenwanderer ist, dass die nächste Einkaufs- oder Übernachtungsmöglichkeit nie lange auf sich warten lässt. Doch coronabedingt bevorzuge ich es lieber zu zelten, denn eine Reservierung am Tag zuvor wird zwingend gefordert. Aber wie soll ich heute wissen, wo ich am morgigen Abend lande?

Meine weitere Marschroute bringt mich über den Rugenhof, Landrow, Unrow in Richtung Gemeinde Ummanz. Die einzigen Wanderer, denen ich begegne, sind Radwanderer.

Der Inselteil Lieschow ist so unfassbar abwechslungsreich, dass nahezu alle Sinne direkt angesprochen werden. Einerseits geht man durch dichte Waldstücke, lustwandelt durch lichtdurchflutete Alleen, um an den im vollen Überschwang blühenden Blumenfeldern zum Fotozwangsstopp eingebremst zu werden. Aber genauso reizend sind die Alleen mit ihren flackernden Licht- und Schattenspielen des alten Baumbestandes. Immer mal wieder bleibt mein Körper unverhofft stehen, um meinem aufnehmenden Geist die Zeit zu gönnen, das Schöne und die verzaubernde Atmosphäre zu erfassen. Hier ist der Untergrund oftmals aus alten DDR-Platten, darum trifft man vermehrt Fahrradfahrer, aber meistens laufe ich reine Wanderwege.

Eine weitere Sache, die ich so nicht erwartet hatte, ist die Farbenpracht! Jene farbenfrohe Blütenpracht erstreckt sich schon angefangen im April/Mai mit den grellgelben Rapsfeldern, über Juni/Juli mit den knallroten Mohnblüten, ihren azurblauen Kornblumen und rotem Klee, zu den erblühenden Sonnenblumenfeldern des Spätsommers, bis hin zum goldenen Herbst.
Bei den blauviolett blühenden Feldern handelt es sich um Büschelschön oder botanisch Phacelia, die einige Landwirte zur Begrünung ihrer Stilllegungsflächen aussäen, was nicht nur die Bienen hoch erfreut, sondern auch das Wandererauge frohlocken und mein überaus fasziniertes Herz freudig höherschlagen lässt.

Wenn man ab Ummanz in Richtung Gingst wandert, empfehle ich, vom ausgeschilderten Radweg abzuweichen, um dem Treckerweg zwischen den Feldern zu folgen. Da geht man erheblich ruhiger mitten hindurch durch die landwirtschaftlich genutzten Flächen, immer die Kirchturmspitze der Stadt vor Augen.
In Gingst lohnt sich ein mini Abstecher für eine Ruhepause in die kultige Inselbuchhandlung.
Ortsauswärts muss man wieder sehr achtsam sein, damit man den ausgeschilderten Wanderweg quer durch die Kleingartenkolonien auch findet. Jedoch, wenn man am Marktplatz zum EDEKA geht, entdeckt man gleich rechter Hand den Abzweig, der den Wandersmann auf vizinalen Fußwegen hinausführt.

Der Pfad führt nach Teschvitz, über die asphaltierte Straße durch Presnitz, grob in Richtung Grasow. Doch aufgepasst, noch vor dem Erreichen des Ortes schwenkt der Wanderweg nach links mit dem leicht irritierenden Hinweis Trent/ Freesen ab. Diesen Schwenk, der zuerst über schöne Auenlandschaften führt, die häufig Fernblicke auf den Kosselower See freigeben und wenig später durch den Kühle spendenden Ganschvitzer Wald verläuft, lohnt sich alle Male. Wer ein nahezu gigantisches Büschelschön-Feld sehen möchte, sollte einen Schlenker über Granskevitz planen, denn dort erstreckt sich das helle Lila gefühlt kilometerweit von Horizont zu Horizont. Man kann dann ganz bequem über Udars auf den Küstenweg zurücksteuern.

Noch kurz vor dem Ort erblickt man die Miniinsel Öhe und schon erreicht man Schaprode. In der Ortschaft ist einmal mehr Konzentration erforderlich, damit man den richtigen Wanderweg erwischt. Am besten geht man zum Fähranleger und biegt zum Strand ab. Dort angelangt, passiert der Wanderer den feinen Sandstrand und am Ende findet man im unmittelbaren Uferbereich den Boddenweg. Die folgenden Kilometer bis Vaschvitz gehören zu den besonders reizvollen Teilstücken der Insel-Umwanderung. Diese Wandertour bietet sich auch als Tagesausflug an, denn man kann entweder ab Dwansdorf zurück nach Schaprode kehren oder aber alternativ ab der Wittower Fähre über Trent.

Immer wieder bekommt man extrem schöne Silhouetten von Hiddensee zu sehen. Wenn man wie ich Glück hat und die richtige Zeit erwischt, ist sogar ein prächtiger Sonnenuntergang zu genießen. Aber auch ohne die Abendstunden bietet der nahe am Wasser entlanglaufende Wanderpfad herrliche Eindrücke von Hiddensee und auch von der Halbinsel Bug. Wer möchte, kann in die Sackgasse bis zur Schwedenschanze oder Stolper Haken vordringen und die famose Aussicht auf sich wirken lassen. Hin und zurück bedeutet es nur ein paar hundert Meter extra. Ab Wittower Fähre muss man sich, bevor der Fußmarsch weitergehen kann, für kleines Geld mit dem Schiff übersetzen lassen.

Die Wanderroute geht direkt nach dem Verlassen der Fähre, noch vor dem ersten Haus links ab. Diesen Pflasterweg teilt man sich bis zum Ort Wiek mit den Fahrradfahrern, die in fast gleicher Taktung der Fähre, alle paar Minuten an einem vorbeisausen.
Nicht selten bieten die Lücken in der Uferböschung Einblicke in das Naturschauspiel jagender Kormoranschwärme. Oder, wenn man wie ich Glück hat, auch Seeadler, die in der Nähe ihren Horst haben. Die Seeadler sind in der Luft gut an dem weißen Kopf und Schwanz von anderen Raubvögeln zu unterscheiden. Auch dieser Teil hat seinen eigenen Küstencharme und kann als Tageswanderung gut genutzt werden.

Dranske offenbart allerlei Möglichkeiten, fürs leibliche Wohl zu sorgen. Die Halbinsel Bug bietet zwar keine Chance der Umwanderung an, jedoch kann man mit Voranmeldung sogar eine geführte Wandertour buchen.

Am NSG Nordwestufer Wittow und Kreptitzer Heide empfehle ich, den Rucksack abzulegen, um den Weg von Dranske nach Kreptitz einmal unten am Steilufer entlang zu gehen und ebenfalls, zumindest in den Sommermonaten, den Hochuferweg zu nutzen, denn beide Varianten bieten einmalige Naturschauspiele.

Der Untergrund direkt an der Wasserkante besteht für einige Kilometer aus verschiedenstem Kies und Stein, bevor er sich ebenso lang in Sandstrände erstreckt, was das Marschieren mit schwerem Rucksack zur schweißtreibenden Kraftanstrengung heranwachsen lässt.
Auf der einen Seite nun endlich die Ostsee und zur Landseite die imposanten Steilufer.
Der reine Vogelliebhaber kann an den hohen Sandhängen gut die Schwalben beobachten, die in den weichen Sand ihre Nester hineingebaut haben. Aber wehe, der nächste Sturm naht und nimmt sich seinen Teil der Insel.

Das Schlendern auf diesem beeindruckenden Naturpfad erwartet von jedermann, dass er viel Zeit mitbringt, denn alle paar Meter zeigt sich ein hervorragendes neues Fotomotiv, welches für die Ewigkeit aufgenommen sein will. Es ist eine beliebte Stelle für Findige, um Strandgut, Hühnergötter, Donnerkeile und sonstiges zu sammeln. An den Bruchkanten lässt sich selbst für den Laien ablesen, dass sich die See immer wieder ein Stück Land einverleibt. Recht bizarr hängen hier die Bäume wie am seidenen Faden an ihrem Leben und suchen vergeblich nach Halt. Stück um Stück, Meter um Meter verlieren sie den Kampf gegen die Gezeiten und stürzen jäh und haltlos in den Abgrund.

Die Krone zum Grund gesenkt, das Herz dem Boden entrissen, so liegen die Mächtigen kopfüber da. Scheinbar jede Ecke und jedwede Biegung schenkt dem Betrachter ein grandioses Bild, an dem man sich nicht satt sehen mag. Der glattgeschliffene Kies lädt viele Menschen zum künstlerischen Steinestapeln ein, sodass man an den Kunstwerken wie ebenfalls an der Steilküste selber die Vergänglichkeit erahnen kann, was zwar toll anzusehen ist, mich dennoch schwermütig macht. Wie beschrieben, ergeben sich hier hundertfache Fotomotive, die wohl kaum an grazier Individualität zu überbieten sind. Ein Motiv tatsächlich besser als das andere!

Immer wieder habe ich mich gefragt: ‚Ist das Müll, Strandgut und kann weg oder ist es dem ganz gegenteilig sogar Kunst?' Diese Frage stellte sich immerzu, wenn ich nahe der Wasserkante angespülte Sachen entdeckte. Nur zu gerne hätte ich einige gefundene und entdeckte Strandschönheiten mit nach Hause genommen, doch beim Wandern geht es auch immer um das Einsparen von überflüssigem Gewicht. Manche waren auch einfach nur zu groß oder sperrig, somit habe ich die Lieblings-Fundstücke dort, wo sie lagen, liegenlassen und bin weitergegangen.

Persönlich habe ich es so gehalten, dass ich den unteren Lehrpfad hin und zurückgegangen bin, mir meinen Rucksack wieder aufgesetzt habe und in Dranske die Holztreppe zum Hochuferweg emporgestiegen bin. Wenn man dann oben entlang flaniert, kann man kaum glauben, nur einige wenige Meter Luftlinie vom geologisch interessanten Steiluferweg entfernt zu sein, so extrem anders ist das, was man nun zu sehen bekommt. Der Pfad ist sehr schmal, woran man erkennen mag, er wird wenig beschritten, was mich verwundert, denn ich war und bin nachhaltig beeindruckt und schwer begeistert.

Auf der Seeseite schaut man nicht nur auf das Meer und den breiten Strand, sondern darf auch das Meeresrauschen zur eigenen Entspannung genießen. An den Bruchkanten ist jedoch absolute Vorsicht geboten, denn sie sind ungesichert und können, wenn man ihnen zu nahe kommt, unter den Füßen nachgeben und einem sprichwörtlich den Boden unter den Füßen wegziehen. Auf der landzugewandten Seite sieht man naturbelassene Wiesen oder Felder, die zumeist von bunter Blumenpracht gesäumt sind. Aber auch die aberwitzig gebogenen Windflüchter bieten immer wieder herrliche Fotomotive, die im Bild eingefangen sein wollen.

Ab Kreptitz oder Möwenort muss man sich erneut entscheiden, ob man den kilometerlangen weißen Sandstrand marschiert oder den oberen Waldpfad benutzt. Hier gibt es von mir eine kleine Entscheidungshilfe: Der Strandabschnitt ist zwar zumeist menschenleer, aber ab dem Möwenort kommen etliche Ferienanlagen und Campingplätze, was zur Folge hat, das sich zumindest bei Sonnenschein und warmen Temperaturen dort die Menschenmengen tummeln.
Außerdem wird das Waten im nachgiebigen Sand, wie zuvor beschrieben, schnell zur reinen Kraftanstrengung. Oben entlang kann man gut die Ferienunterkünfte umwandern, um ab Höhe des Ortes Nonnevitz bei „Silkes Markt" wieder in Richtung Küstenstreifen zu gehen.

In diesem Minisupermarkt kann man sich mit Kleinigkeiten versorgen, denn die nächsten Möglichkeiten bieten sich erst mit einem feinen Abstecher in Putgarten oder später in Juliusruh. Hier ist allerdings erneut Aufmerksamkeit gefragt, denn der Wanderweg ist nicht oder nur sehr schlecht ausgeschildert. Man läuft dort mehrere hundert Meter in den Wald hinein, muss dann an einer Gabelung nach links abbiegen. Der Waldweg führt geradewegs zum Naturcampingplatz, der überquert werden muss, bis man an einem schmalen Waldweg am Küstenrand steht. Dort geht man bis zum Ende des Campinggeländes und marschiert einem Pfad folgend in Laufrichtung Kap Arkona.

Dieser vizinale Fußweg hat es mir besonders angetan. In meinen Vorstellungen bin ich in ein Märchen eingetaucht und habe mich in einem verwunschenen Zauberwald wiedergefunden. Ja, von da an bin ich gefühlt in einem Märchenwald umhergewandelt. Bei allem Zeit und Ort entrücktem Wandern muss man dennoch aufpassen, denn der Weg scheint viel zu schnell sein jähes Ende gefunden zu haben, was mitnichten der Fall ist. Zuerst blockiert ein kleines Hexenhäuschen den Weitermarsch, dann wird man aus dem Waldstück herausgeführt und steht ziemlich enttäuscht vor einer maroden und alten Parkbank mit gruseligem Unterstand.

Doch derjenige, der seine Sinne behält, findet nur wenige Wanderminuten den recht versteckten Zugang zum nächsten Teilstück des geliebten Zauberwaldes. Auch wenn der Wald schmaler wird und zum Schluss nur eine breite von ein paar dutzend Metern zeigt, so verläuft er dennoch fast bis ganz zum Kap. Man wird nahezu vier- bis fünfmal herausgeführt, doch mal geht der Weg an einem Kirschbaum wieder hinein und ein weiteres Mal muss man sich gar tief bücken, um wieder hineinzufinden. Doch die Aufmerksamkeit wird dafür stets jedes einzelne Mal belohnt. Wenn man die Radfahrer in wenigen Metern Entfernung am Feldweg radeln sieht, hat man alles richtig gemacht.

Und wie zur Belohnung erblickt man hier und da die verzauberten Baumgestalten. Sie zeigen sich nur dann, wenn man an echte Zauberei und wahre Magie glaubt. Hier hält sich ein verzaubertes Baumpärchen im Arm, drüben küssen sich sogar zwei verliebte Bäume. Und der mächtigste von allen stellt sich dir jäh und bedrohlich in den Weg. Der Hofnarr macht seine Faxen und verdreht ein jedes Wort. Mich hat jedenfalls der Zaubertraum in seinen Bann gezogen und ist nach meiner Meinung eines der Highlights bei der Umrundung Rügens.

Dieser märchenhafte Weg hat passgenau die richtige Länge für eine Tagestour, vor allem mit Kind und Kegel. Wenn man alles richtig gemacht hat, tritt man aus dem Waldstück heraus und ist gar erstaunt, wie dicht der Rad- und Wanderweg scheinbar unbemerkt die ganze Zeit parallel nebeneinander herliefen.
War das etwa auch ein Zauber? Wer weiß!?
Jedenfalls hat es etwas mit Magie zu tun, weil alles wie im Eiltempo und Zeitraffer vergeht.
Doch selbst am Funkmast angekommen kann man weiterhin im Wald laufen, der Zauber lässt nach und lange Kleidung ist im dichten Unterholz vonnöten, denn eine Armee von Brennnesseln stellt sich einem in den Weg.

Doch Rügen wäre nicht Rügen, wenn es für den Wanderer nicht noch weitere Zaubereien parat halten würde. Die sagenhaften Lichtspiel- und Sonnenreflexionen erleuchten kleine Details der Landschaft immer wieder zu Kunstwerken der Natur. Die durchaus klaren wie auch überaus sauberen Luftverhältnisse, geeint mit den nahezu gleißenden Sonnenstrahlen, geben jedem Fotomotiv Lichtverhältnisse, die landauf landab seinesgleichen suchen und dadurch erhalten die Bilder mehr Ausdruck. Zuhause schaut man sich so manches Foto an und fragt sich selbst unweigerlich: „Ist es ein Aquarell, welches man in einer Galerie aufnahm oder eine Fotografie?"

Noch eines ist wichtig: Man sollte den Blick auch dann und wann himmelwärts richten, denn die oftmals seicht auflandigen Winde zaubern die skurrilsten Wolkenformationen ans Himmelsfirmament. Mal sind es hunderte Schäfchenwolken, die gezählt sein wollen. Mal sind es gleichförmige Wellen, so schön, wie sie sonst nur das Meer hervorbringt und mit ein bisschen Fantasie mag man so manches Mal gar Gestalten erkennen. Hier darf man selbst als erwachsener Mensch wieder ganz Kind sein und für einen Moment in die eigene, schon längst vergessene Fantasiewelt abtauchen, um sogar verwunschene Fabelwesen zu entdecken.

Nur kurz, nachdem man aus dem Wald herausgetreten ist und einem tollen Hochküstenweg folgt, kann man in der Ferne bereits den Leuchtturm von Kap Arkona erkennen. Ein großer Parkplatz zeigt, dass hier wieder eine Zuwegung zum Badestrand existiert. Nur ein wenig entfernt, nahe den Hohen Dreien, gibt es den Aussichtspunkt Gellart, an dem man bei klarer Sicht erkennen kann, wie weit Juliusruh, Glowe oder Lohme Luftlinie entfernt sind. Wer sich von dieser schieren Entfernung nicht abschrecken lässt, darf ruhig schauen, doch jeder andere sollte sich davon auch nicht entmutigen lassen, denn recht faszinierende Teilstücke der Rügen-Umrundung liegen noch vor einem.

Ob man einen Abstieg zum Findling herunter an den Strand machen soll, möge jeder für sich entscheiden, denn schließlich ist es „nur" ein recht großer Stein. Das Kap selber ist oftmals von Mensch und Tourist so sehr überlaufen, sodass sich für den geruhsamen Wanderer weit besserer Verweilplätze anbieten. Leider ist auch die slawische Burgwallanlage wegen Gefahr für die Gesundheit und Leben gesperrt.

Nur ein oder zwei Kilometer entfernt liegt das beschauliche Fischerdorf Vitt, welches einem Schlenker zum Kurzbesuch Sinn schenkt. Wenn man es vermeiden möchte, so kann man oben an der Kapelle vorbei das Dorf umgehen.

Mich persönlich hat dann doch das Steilufer-Café „Zur kleinen Rast", welches sich kurz hinter Goor befindet, am meisten zum ruhigen Verweilen eingeladen. Zum einen sind hier die Preise humaner als anderswo und zum anderen kann, wer möchte, in einem maritimen Strandkorb sein Erfrischungsgetränk genießen. Das Beste ist die terrassengleiche Fernsicht über die gesamte Tromper Wiek, aber auch der Blick auf die entfernte Badebucht von Schaabe mit dem weißen Sandstrand. Lies hierzu meine Google Maps-Rezension und lass meine hinterlegten Bilder einfach auf dich wirken.

Wenn man dann bei seiner Wanderung weiter in Richtung Juliusruh läuft, stößt man in Höhe Nobbin auf das recht mystisch anmutende Großsteingrab, welches vom Künstler Casper David Friedrich, der Rügen nicht ohne Grund mit so vielen Bildern bedacht hat, auf Leinwand festgehalten wurde. Wer dort in der Nähe übernachtet, soll gar unglaubliche Träume durchleben, was auch ich hiermit nur bestätigen mag. Manche Dinge sind und bleiben unerklärlich! Noch vorm Erreichen der Gemeinde sollte man sich erneut über die drei Alternativen der weiteren Wegführung Gedanken machen. Geht man im Wald, am feinen Sandstrand nach Glowe oder nutzt man den Radweg an der Landstraße?

Wenn man wie ich lieber die Stille der Natur schätzt, muss man am Parkplatz vorm Ort den Waldweg benutzen, der auch durch den Stadtpark führt, in dem man wahrlich versteinerte Schafe zählen darf. Parkauswärts läuft man in Gegenrichtung Seebad Breege und schwenkt dann in einen Kiefernwald hinein, folgt dem Kühle spendenden Waldweg, der direkt hinterm Campingplatz verläuft und wandert zum Forsthaus bzw. Gelmer Ort. Bereits wenige hundert Meter später schimmert durch das dichte Waldwerk der helle Große Jasmunder Bodden. Erstaunlicherweise hört man dort keinen Lärm der stark befahrenen nahen Landstraße.

Lediglich selten vorbei schippernde Boote durchbrechen die idyllische Ruhe des Waldes und das leise Rauschen der Wellen. Hier tut sich ein herrlich schmaler Pfad auf, der zuerst mitten durch den Wald verläuft, um dann überraschend zu dem Großen Jasmunder Boddenküstenweg heranwächst. Ein erneutes Highlight!

Auf der linken Seite dichter Wald und rechts, nur wenige Meter entfernt, der Bodden. Gut, es ist jetzt nicht die äußere Küste Rügens, doch der eindeutig attraktivere Weg, wie mir scheint.

Außerdem liegen die beiden Küstenuferwege höchstens ein paar wenige hundert Meter Luftlinie auseinander. Wenn überhaupt!

Wer den Innenküstenweg von Schaabe wählt, muss noch nicht einmal auf ein erfrischendes Bad verzichten, denn mehrere einsame Badestellen laden zum Pausieren oder Schwimmen ein. Nur selten begegnet man an dieser Stelle Mountainbike-Fahrern oder Joggern. Wenn man den Ort Glowe besuchen möchte oder dort die Lebensmittelvorräte auffüllen will, muss man sich am Ende des Waldes links halten. Die Ortschaft selbst gibt einen herrlichen Blick über den kompletten Sandstrand der Schaabe preis. Ich habe leider den Fehler gemacht und bin nach Glowe an der Straße marschiert, wovon ich nur tunlichst abraten kann. Geradezu lebensgefährlich mutet hier das Wandern an.

Nicht einmal ein schmaler Seitenstreifen bietet Sicherheit. Die engen, jedoch vielbefahrenen Straßen machen diesen Fußmarsch für alle Verkehrsteilnehmer zur Qual. Die einzige Chance, dem zu entgehen, ist, direkt an der Wasserkante zu laufen. In Höhe Bisdamitz kann man die Uferkante wieder verlassen und den leichter zu gehenden Hochuferweg benutzen, der einen bis nach Lohme bringt. Im Ort selbst kann man bei „Wilberg" ein leckeres Fischbrötchen essen, einen tollen Fernblick auf der eigenen Terrasse des „Haus am Meer" oder aber ein Törtchen im „Café Niedlich" genießen, welches etwas weiter unten gelegen ist. Man muss eh am Café vorbei, um dort die Treppe hinaufzusteigen.

Aber auch hier ist wieder Konzentration sowie Entscheidung gefordert, denn auf halber Höhe der Treppenstufen verläuft der Hochküstenweg in den Wald hinein. Aktuell war der mittlere Küstenweg gesperrt, somit entschied ich mich für den oberen. Auch an dieser Stelle bietet sich wieder eine hervorragende Chance für eine eigene Tagesetappe, denn auch diese Wandertour zählt für mich zu den schönsten Küstenabschnitten, hindurch durch herrlich dichten Wald, immer mit Sicht auf die Wellen der Ostsee. Ein ausgezeichneter Busverkehr zwischen Lohme, Königsstuhl und Sassnitz erlaubt individuelle Streckenplanungen mit recht unterschiedlichen Längen oder Sehenswürdigkeiten.

Der abenteuerliche Fußweg, der von Lohme über das Hankenufer hin zum Königsstuhl führt, ist mit seinen durch den Laubwald so schwungvoll verlaufenden Trampelpfaden der reinste Seelengenuss. Doch vom reinen Gefühl ist dieser fabulöse Wanderhochgenuss viel zu schnell zu Ende. Gott sei Dank mündet der Pfad in den nächsten ebenso schönen Weg.
Überhaupt ist für mich der Inselteil Jasmund einer der Wandereldorados Rügens, allem voran der Nationalpark mit dem Buchenwald, dem UNESCO-Weltnaturerbe. Nun zähle ich mich persönlich sowieso zu den Fans unserer Wälder, … denn ich liebe Bäume! Doch hier paart sich grün schwingender Baumbestand mit weiß strahlenden schroffen Kreidefelsformationen.

So liebe ich Wandern besonders: Auf der einen Seite sattes und beruhigendes Grün und auf der zweiten die schier unendlichen Weiten des Meeres. Wenn dazu noch sonniges Wetter herrscht, ist für mich die Tour perfekt. Mir war an diesem Tag das Glück insoweit hold, dass ich erst gegen 19.00 Uhr am Königstuhl ankam. Glück insofern, da ich ihn von Menschen leer vorfand. Gut, nun konnte ich nicht direkt auf das viel besuchte Plateau, dafür habe ich aber auch die 9,50 Euro gespart. Meiner Meinung nach ist es auch nicht so wichtig, auf ihm zu stehen, denn an der wenige Meter entfernten Victoria-Sicht, die auch noch gratis ist, kann man ihn in seiner vollen Pracht besser sehen.

An der Victoria-Sicht bietet sich nicht nur ein toller Blick auf den 118 Meter hohen Königsstuhl, sondern man kann dabei gleich seine Schwindelfreiheit testen, indem man die über den Felsen hinausragende Ausguckplattform besteigt. Am Tage eine Geduldsprobe, da man dort anstehen und warten muss, bis jeder sein eigenes Selfie im Handy hat. Doch ich kann mich hier nach voller Leibeslust austoben. Aber auch am Tage gilt, dass die meisten Touristen zu dieser Stelle latschen, nehmen sich auf und gehen zurück zum Auto oder Bus. Die schönsten Aussichtspunkte hingegen verpassen sie, denn die sind noch ca. zwei Kilometer entfernt.

Jetzt habe ich keinen Anspruch, einen Bildband des Weltnaturerbes anzufertigen, da gibt es sicherlich bessere Fotografen als mich. Ich möchte lediglich ein Hungergefühl wecken, den Weg zu gehen, um dieses Naturschauspiel mit eigenen Augen zu sehen, um persönliche Motive aufzunehmen, denn die Gegebenheiten bieten vor Ort tausendfache Chancen dazu. Meine Bildaufnahmen sind die eines schnöden Wanderers mit dem Herzen eines Schriftstellers. Eben die begrenzte Sichtweise eines solchen Naturburschen, der fortwährend ein erhöhtes Interesse am Weg, der nächsten Kurve und der ständigen Fortbewegung hat, warum hier in diesem Buch zumeist der reine Wanderweg im Mittelpunkt des Motives steht.

Das soll um Himmels willen alles andere als eine Rechtfertigung oder gar Entschuldigung meinerseits darstellen! Will damit nur sagen: Ich möchte bei vielen bloß das Begehren und den Wunsch erwecken, diese unfassbar schöne Wandertour mit den beiden eigenen Füßen zu beschreiten, mit den Augen Erinnerungen aufzunehmen, mit dem persönlichen Blick für das Detail zu betrachten, um alles mit der eigenen Kamera für die Nachwelt festzuhalten. Sicherlich gibt es von zahlreichen Profifotografen Bildbände, die auch allergrößten Hochglanzansprüchen gerecht werden und dem Interessierten die besten Perspektiven darbietet.

Mir ist es jedenfalls so ergangen, dass ich jedem nur empfehlen kann, für diese Wandertour an den Kreidefelsen eine extra Verweilstunde einzuplanen, denn ich war von der Schönheit und den fabelhaften Eindrücken nahezu „besoffen", so viel Euphorie und Begeisterung verspürte ich in mir. Was sich alles im Jasmunder Nationalpark bietet, lässt wahrlich manches Mal den Atem stocken und man steht mit groß aufgerissenen Augen und mit weit heruntergeklapptem Unterkiefer sprachlos da. Bei mir ist jeder Versuch die traumhafte Kulisse im Bild festzuhalten kläglich gescheitert. Bei Selfies sollte man aufpassen, dass der entgeisterte Gesichtsausdruck in ein Lächeln umgewandelt und der noch offene Mund wieder geschlossen wird.

Natürlich ist jeder von den Felsen überwältigt, doch auch der Buchenwald, der schließlich das eigentliche UNESCO-Weltnaturerbe darstellt, lässt jedes Wandererherz höherschlagen.

An einigen Stellen verläuft der Waldpfad hinein in höhlenartige dunkle Hohlwege des dichten Unterholzes, um wenige hundert Meter dicht an der schluchtartigen Abbruchkante vorbeizuführen. Hier sollten alle Sinne beisammen sein, denn die Klippen sind ungesichert und darum fielen ihnen schon zahlreiche unvorsichtige oder gar fahrlässige Menschen zum Opfer.

Leider verkennen immer wieder Leute die große Gefahr und begeben sich nahe an die Kante, um ein spektakuläres Selfie aufzunehmen.

Gar nicht selten wird dieser Leichtsinn mit dem Leben bezahlt, denn Jahr für Jahr stürzen hier Personen ab. Das Dumme dabei ist, auf dem Foto ist überhaupt nicht zu erkennen, ob man nur 10 cm oder einen Meter von der Todeszone entfernt posiert. Außerdem ist an vielen Stellen der Kante die Unterhöhlung der Trittfläche von oben schlichtweg nicht erkennbar, sodass man sich davon täuschen lässt und sich fälschlicherweise in Sicherheit wähnt. Hier kann ich jedem nur versichern, dem Genuss, aber vor allem der Abrisskante tut es keinen Abbruch, wenn sie aus Respekt und Vorsicht einen recht großzügigen Sicherheitsabstand einhalten.

Doch jetzt genug meiner Warnung.

Eher empfehle ich, an vielen Plätzen eine Pause oder Auszeit einzulegen, um der Natur eine Chance zu geben, alle Sinne zu berauschen.

Für diejenigen, die hier eine Tagestour einlegen wollen, bietet es sich an, von Sassnitz aus hinauf zum Königsstuhl den Waldwanderweg zu gehen, um herunter den Steilküstenweg zu benutzen. Aber Achtung, es sind zwar auf der Karte je „nur" acht bis neun Kilometer Wanderstrecke, doch für den ungeübten Wanderer zählen sie glatt doppelt, da sie mit ihren steilen Anstiegen anstrengend sind. Bei Regen kommt noch ein weiterer Effekt hinzu, weil der Untergrund wie rutschige Schmierseife oft wenig Halt spendet.

Für zusätzliche Abwechslung sorgen die zahlreichen Holztreppen, Holzstege, Holzbrücken und Wegverbindungen aus Holz, die das liebe Wandern noch kurzweiliger erscheinen lassen.
Einer der verkanntesten Sehenswürdigkeiten ist der abenteuerliche Abstieg am Kieler Bach mit der Stahltreppe hinunter zum Kieler Ufer. Dort erwartet einen die Wanderer-Einsamkeit, denn die meisten Touristen verkennen die Schönheit des Ortes und sparen sich den anstrengenden Ab- wie Aufstieg. Ich selbst war erst gegen 19.30 Uhr dort und fand mich überraschenderweise mutterseelenallein vor, was ich sehr genoss.
Natürlich habe ich mich auch hier zum Schreiben einer 5-Sterne-Rezension und Einstellen einiger Bilder hinreißen lassen.

Glaubt mir, die Collage kann gerade einmal nur bruchteilhaft meine reine Begeisterung widerspiegeln. Eine weitere Empfehlung möchte ich unbedingt für naturverbundene Personen
oder klare Naturburschen aussprechen: Trinkt unbedingt das erfrischende Quellwasser aus dem Wasserfall unten am Steilufer. Mich hat es zusätzlich beschwipst und ließ mich geradezu vor Euphorie ein kindisches Video aufzeichnen, welches auch bei Google Maps zu finden ist.

So, nun ist aber auch genug der Schwärmerei! Schließlich will ich jetzt weitermarschieren, weil vor mir noch weitere recht beeindruckende Wanderabschnitte liegen!

Aus Sassnitz heraus folgt man am besten dem Radwanderweg, wenn man nicht am Kiesstrand direkt bei Mukran an der Wasserkante entlanglaufen will. Den Fährhafen der Stadt muss man sowieso weiträumig außenherum umwandern. Ab Neu Mukran teilt man sich mit den Fahrradfahrern den asphaltierten Radweg und läuft bis Prora stets parallel zur Straße, was langweiliger klingt, als es ist. Dieser Weg bietet auch einige Zugänge zum Strand, die dem Aufmerksamen verlassene Strandabschnitte offenbaren.

Ein durchgängiger Spaziergang am schönen Sandstrand ist unmöglich, zumindest nicht ohne sich dabei nasse Füße zu holen, da eine Mauer bis weit ins Wasser hineinreicht und somit den Strand versperrt.

Persönlich interessierte mich der Fortschritt bei der Sanierung des langen Prora-Gebäudes. So bin ich ab der Herberge hinterm Komplex gelaufen, dann ein Teilstück zwischen dem renovierten Gebäude und der Uferpromenade, um dann beim Dokumentationszentrum Prora am DLRG-Häuschen runter zum Meer zu laufen.

Hier habe ich es einfach extrem genossen meine klobigen Wanderschuhe auszuziehen, um barfuß durch die Ostsee oder im nahezu samtweichen Sand meinen leicht geschundenen Füßen eine kleine Auszeit zu gönnen.

Schließlich wollte ich von vornherein wie so zahlreiche Touristen das Ostseebad Binz für eine Pause nutzen. Am FKK-Strand kam ich mir mit meinem schweren Rucksack und der vollen Montur allerdings etwas deplatziert vor, doch abends ist auch dieser menschenleer.

Dort ein Spaziergang auf die Seebrücke von Binz, hier den viktorianischen Baustil der Strandvillen bestaunt, um schlussendlich mein Gemüt mit Getränk und Mahl zu stärken.

Ja, auch so etwas lässt das Wandererherz höherschlagen. Wer jedoch wie ich die reine Stille und pure Abgeschiedenheit der Wälder mag, wird sich auf den weiteren Wanderwegverlauf freuen. Das Ostseebad Binz ist wegen seiner Schönheit sehr beliebt, was für die zahlreichen Gewerbetreibenden ein Segen ist, doch dafür ist es in der Hochsaison von Touristen klar überrannt.

Wem das zu viel erscheint, der braucht nur am Brunnen hinter der berühmten Seebrücke, wenige Schritte der Promenade zum nahen Wald folgen und schwups ist man heraus aus dem Trubel. Nur kurz, nachdem man die Fischräucherei passiert hat, führt rechts eine steile Treppe hinauf zum tollen Hochuferweg.

Nicht nur der Aufstieg, sondern auch der weitere Streckenverlauf sind recht anstrengend. Immer wieder muss man schweißtreibend steil bergan und ebenso oft bergab marschieren. Die anfangs breiten Waldwege werden in ihrem Verlauf zunehmend schmaler und vom knorrigen Wurzelwerk der Bäume grob unterbrochen und bizarr zerfurcht. Tja, und auch ich als erfahrener Wandersmann muss zugeben, vom herrlichen Rundumblick abgelenkt, plump gestolpert zu sein. Mein schwerer Rucksack hat noch meinen eigenen Fall jäh beschleunigt und so bin ich der Länge nach gefallen und auf den staubigen Waldbodendreck geknallt, um gefühlt so noch einen Meter vorwärts zu rutschen. Autsch!!!

Der Silvitzer Ort bietet einen der ersten und zahlreichen grandiosen Fernblicke, den aber nur ein Bruchteil der Tagesbesucher von Binz aufsuchen oder kennen. Gut, wie oben beschrieben ist der Wanderpfad durch Granitz einer der anstrengenderen Teilstücke, doch umso mehr lohnt es sich, ihn zu gehen.

Hier bietet sich eine Tageswanderung mit Kind und Kegel an, denn es existiert ein traumschöner Hochuferwanderweg von Binz nach Sellin. Als Rundwanderweg benutzt man zurück einfach den Pfad mitten durch den Granitzer Wald, vielleicht mit einem Besuch des Jagdschlosses. Schließlich ist Rügen berühmt für die zum Teil faszinierenden Buchenwälder.

Wem das zu viel des Laufens ist, der kann sich ab Sellin in einen der Linienbusse setzen, die in recht kurzer Taktung zwischen den Gemeinden hin- und herfahren, um sich so zum Ort des Startpunktes befördern zu lassen.

Wenn man wie ich Glück hat, kann man direkt vor der Küste auf dem Seehundriff einige seltene Exemplare der Robbengattung entdecken. Und diese vielfältigen Möglichkeiten ergeben sich zwischen den Ostseebädern Binz, Sellin, Baabe und Göhren. Damit bietet es sich hier an, in einem dieser schönen Orte eine Unterkunft zu buchen, um somit im tollen Biosphärenreservat Südostrügen ausgiebig wandern zu gehen.

Auch dieses Teilstück der Insel Rügen ist das reine Wandereldorado und hiermit von mir wärmstens empfohlen. Der Hochuferpfad von Granitz bringt einen immer wieder direkt an die nicht mehr ganz so hohe, aber dadurch nicht weniger gefährliche Abbruchkante heran. Hier ist vom Nutzer absolute Trittsicherheit und Schwindelfreiheit gefordert. Einen Wehmutstropfen, der das schöne Bild trübt, gibt es auch hier, denn die See nimmt sich bei Sturm auch an dieser Stelle Jahr für Jahr Stück für Stück vom grandiosen Küstenabschnitt und somit verschwinden so manch einmalige Wanderwege, was mein Herz stets bluten lässt.

Ab und zu schlängelt sich der Pfad von der Küste fort und wandelt sich zur regelrechten Wanderautobahn, meistens schnurstracks geradeaus. Das Besondere ist, dass der Untergrund auch hier aus feinem weißen Strandsand besteht, was mich so mitten im Wald erst einmal irritiert. Nun ist das somit zwar beschwerlicher mit schwerem Gepäck durch den tiefen Sand zu stapfen, aber da es so ungewöhnlich erscheint, macht es dennoch gehörigen Spaß und lässt mich über die Kraftanstrengung leicht hinwegschauen. Mehrmals bieten sich im Wald Abstiege an, die jedem die Chance geben, bis hinunter zur Wasserkante zu gehen. Ich kann nur empfehlen, mindestens einen davon zu nutzen.

Dort wechseln sich einsame Badebuchten aus feinem Sandstrand mit steinigen Abschnitten aus Kies und Geröll ab, an denen man tolle Hühnergötter, Donnerkeile, Bernstein oder andere spannende archäologische Funde machen kann. Selbst beim Treibgut frage ich mich oft: „Ist das Müll oder doch eher Kunst?" Hierbei entscheidet immer das Auge des Betrachters, um was es sich handelt. Nicht selten hat so manch ein Rüganer seinen imposanten Gartenschmuck aus Treibholz oder freigespültem Baumwurzelwerk genau an diesem Abschnitt gefunden und auch mit heimgenommen.

Aber auch der rückwärtsgerichtete ferne Blick auf die Kreidefelsen vom Jasmund sollte nicht fehlen. Ein besonders schöner davon zeigt sich beim Aussichtspunkt Granitzer Ort. An dieser Spitzkehre erblickt man das Ostseebad Binz, den kilometerlangen Badestrand von Prora, den Fährhafen bei Mukran und ebenso das sehenswerte Sassnitz. Am Ende des Weges stößt der Wanderer direkt in den Kurpark mit seiner Bühne. Und wenn man wie ich Glück hat, wird man mit lieblichem Gesang oder aber feinster Kammermusik empfangen.
Der Park liegt oberhalb der Seebrücke.
In Sellin hat man eine der wenigen Chancen, in die Ostsee zu tauchen, ohne nass zu werden.

Genau das Richtige für mich und alle Mimosen sowie Wasserscheuen, die erst ab einer warmen Wassertemperatur von 20 Grad ihren großen Zeh in die Ostsee stecken, denn auch hier gibt es die beliebte Tauchgondel.

Beim weiteren Wandern in Richtung Baabe sollte man wieder aufpassen, denn der Wanderweg zum Hochufer versteckt sich beim Kirchlein Maria Meeresstern. Auch die Promenaden der Ostseebäder haben ihren Reiz und sind angenehm zu laufen. Klar begegnet man dort zu fast jeder Jahreszeit vielen Touristen, mit denen man als Wandersmann schnell ins Gespräch kommt. Die vier Orte bieten zum Auffüllen der Vorräte gute Einkaufsmöglichkeiten.

In Baabe habe ich es mir nicht nehmen lassen die Strandstraße zu nutzen. Da stehen Buchen mit geneigter Krone, um sich in einer Art Spalier zu verbeugen. Nie habe ich mich als Wanderer königlicher oder geehrter gefühlt als dort.

Von hier aus kann man entweder durch die schöne Baaber Heide wandern oder an der recht stark frequentierten Bernsteinpromenade weiter nach Göhren marschieren.

Vom Ostseebad geht man zum Nordperd, welches zum Eigennamen ganz widersprüchlich den östlichsten Punkt der Insel darstellt. Dort existiert ein Rundwanderweg, den man nicht nutzt, wenn man vorbei am Museumsschiff Luise in Richtung Ostseebad Thiessow wandert.

Beim Weitermarsch passiert man den kleinen Aussichtspunkt Lobber Ort. Von dort läuft man direkt an der Wasserkante vom Mönchgut am „Großer Strand" entlang, vorüber an den meterhoch aufgewehten Dünen oder aber dahinter auf dem bei Google Maps nicht verzeichneten Waldwanderweg beziehungsweise Radweg, der auf große Teilstücke inmitten durch den Wald führt. Nur kurz hinter dem Ort Thiessow ist das Südperd zu finden. Von dort aus oder spätestens am Endhaken kann man in der Ferne und guter Sicht über den Greifswalder Bodden die gleichnamige Stadt und somit das erste Mal seit Stralsund wieder das Festland erblicken.

Ein mini Spaziergang über den mini Inselteil Klein Zicker und schon geht man geschwind wieder zurück, bestenfalls hinter dem Ort in Richtung Groß Zicker. Leider führt ab Gager kein Küstenwanderweg nach Middelhagen. Auch wenn man die schmale Landzunge zum Reddevitzer Höft läuft, sollte man sich darauf einrichten, denselben Plattenweg wieder zurückzulaufen. Gut, es gibt sicherlich Schlimmeres, aber einige Wanderer marschieren ungern gar zweimal den gleichen Pfad. Alternativ kann man das Kap mit der Steilküste umwandern und gegebenenfalls an der Wasserkante laufen. Die Aussicht gilt nicht gerade als spektakulär, doch bei klarer Sicht erblickt man Lubmin.

Ebenso kann man von dort aus die Insel Vilm, Lauterbach und natürlich Gager sehen.

In der Blütezeit haben allerding selbst die langweilig anklingenden DDR-Plattenwege ihren eigenen und speziellen Reiz. Wenn man wie ich vor dem Bollwerk steht und eine Brücke erwartet, ist man enttäuscht, denn die sucht man dort vergebens. Hier existiert nur eine mini, mini, mini Fähre, die Fußgänger und Radfahrer übersetzt. Doch aufgepasst, der Fährmann arbeitet „nur" von 9.00 bis 21.00 Uhr, dafür kostet das „krasse" Vergnügen lediglich einen Euro.

Leider war ich 7 Minuten zu spät und musste so tatsächlich eine unfreiwillige Zwangspause bis zum nächsten Morgen einlegen.

Doch schon in Moritzdorf trennen sich Fahrradfahrer und Fußgänger wieder, denn der Küstenwanderweg ist mal wieder für Radfahrer gesperrt. Mit schwerem Atem stapft man mitten im Wald einen kleinen Anstieg hinauf, der zwar Weißer Berg genannt wird, aber doch eher das Erscheinungsbild eines Hügels zeigt. Gefühlt hat man wieder viel zu schnell Seedorf und den Seglerhafen erreicht, so abwechslungsreich und schön sind hier die Eindrücke.

Der weitere Wegverlauf führt erst einmal fort vom Ufer und navigiert einen nach Preetz. Ab Burtevitz bringt der Weg den Wanderer zum Gobbiner Höft. Auch hier eine Landzunge mit guter Aussicht über den Rügischer Bodden.

Wer es sich nicht nehmen lassen will, geht weiter bis zum letzten Zipfel vom Gobbiner Haken, das mir bekannt schmalste Landzüngelchen Rügens. Sicher, es ist kein Muss, einmal im Leben dort gewesen zu sein, aber wenn man sowieso schon mal in der Gegend ist, kann man es auch gerne mitnehmen.

Alternativ mag man auch einen Abstecher zu den unspektakulären „Ziegensteinen" machen, aber sollte auch dort nicht enttäuscht sein, denn es sind halt nur große Steine im Wald. Allerdings ist an den Findlingen ein prima Rastplatz eingerichtet, der den Vorbeikommenden zum Verweilen einlädt. Von Neu Reddevitz aus hat man einen Blick über die Stresower Bucht.

Nachdem man die Spitzkehre hinter sich gelassen hat, kann man die Insel Vilm in der Bucht entdecken. Diese kleine Inselwelt durfte zu DDR-Zeiten nur vom Ministerrat genutzt werden und wurde von der Bevölkerung ‚dem Erich Honeckers Privatinsel' genannt, weil dieser dort mit seiner Frau Margot einige Male Urlaub gemacht hat. Jetzt ist sie ein Naturschutzgebiet und darf nur im Rahmen einer rein öffentlichen Führung betreten werden.

Der mini Küstenabschnitt ab Klein Stresow hat es mir wieder ganz besonders angetan, weil er genau das bietet, was eine Wanderung an der Küste ausmacht. Wunderschöne vizinale Pfade, stets mit tollen Aussichten auf die See.

Auf der See abgewandten Seite wechseln sich in regelmäßigen Abständen immer wieder offene Wiesen, schattenspendende Wälder, Städte und Landschaften ab, sodass dieses Wandern als ausgesprochen abwechslungsreich empfunden und nie langweilig oder eintönig wird.

In Groß Stresow tut sich eine besonders tolle Überraschung auf: „Haases Eishütte", eine Raststätte für Radfahrer und Wanderer. Dieses schön gelegene Café und Restaurant befindet sich direkt am Wegesrand und bietet zu den Plätzen auf der Terrasse zusätzlich die Möglichkeit die eigenen Vorräte gemütlich unter einem Baum auf der Parkbank sitzend zu genießen.

Aber gibt es etwas Erfrischenderes als ein frisch gezapftes Bier? Diese Frage möge jeder für sich selbst beantworten. Siehe hierzu meine eigene Rezension und Bilder bei Google Maps.

Direkt nach der kurzen Pause kommt für Naturliebhaber ein besonderes Schmankerl! Ein extrem reizvoller Küstenabschnitt, der herrlich saftige Auenlandschaften bietet, durch die sich der Weg stetig harmonisch geschwungen hindurchschlängelt. Man passiert immer wieder ruhige Naturstrände, die wenig bekannt und somit recht einsam sind. Unter Rüganern und Insidern sind diese kleinen Badebuchten sehr beliebt, da sie vom Massentourismus unentdeckt geblieben sind, was gerne so bleiben darf.

Sehr häufig sieht man am Wegesrand geparkte Wohnmobile oder Autos von Individualisten, die die ruhige Abgeschiedenheit inmitten der Natur wertschätzen und genießen.

Dieses idyllische Naturreservat lockt mit seinen seicht abfallenden Badebuchten auch einige Wassersportler mit ihren Stand-Up-Paddle oder Kanus an, die somit das Ufer von Vilm erkunden können. Auch der müde Wanderer wird im Hochsommer hier eingeladen eine Pause einzulegen, sich seiner Wandersachen zu entledigen, um einen genussvollen Badestopp einzurichten. Es ist immer wieder verblüffend, wie sich die Ruhe der Natur auf Körper und Geist überträgt und einen richtiggehend runterkommen lässt.

Noch kurz vor Lauterbach verändert sich die Landschaft erneut und man wandert durch ein wunderschönes Waldgebiet mit majestätischen Bäumen. Dieser Wanderpfad ist durch eine Art Eingangsportal explizit für Radfahrer gesperrt, was für die Radwanderer zwar bedauerlich erscheint und mir leidtut, aber meinem Genuss dennoch förderlich zupasse war. Hier stehen einige besonders hervorgehobene alte Eichen, die mit Findlingen nummeriert und gekennzeichnet sind. Mich persönlich versetzen diese Baumriesen immer wieder in Faszination und bringen mich zum Erstaunen! Wenn man lange genug bei ihnen steht, übertragen die positiven Schwingungen sich leise und sie flüstern, was sie schon alles gesehen und erlebt haben.

Immerzu führt der Wanderweg heraus aus dem dichten Laubwald und gibt den Blick auf den Rügischen Bodden frei. Die wechselnden Licht, Schatten, Sonne und Wasserbilder sind ausgesprochen inspirierend und verfehlen somit den besonderen Reiz keine Sekunde. An zahlreichen Stellen sind Parkbänke aufgestellt und laden dazu ein, die Naturschönheit langsam auf sich wirken zu lassen. Vor der Ortschaft erblickt man den recht romantisch anmutenden Seglerhafen, der das baldige Ankommen vorwegnimmt und somit ankündigt. In Lauterbach gibt es erneut die Chance, im Supermarkt seine Vorräte aufzufüllen oder aber auch zum Beispiel im örtlichen Restaurant fürs leibliche Wohl zu sorgen.

Auch hier an dieser Stelle bietet sich einmal mehr die Möglichkeit zur Planung einer Tagesetappe als Rundwanderung an. Von Lauterbach gestartet, läuft man auf dem Radwanderweg in Richtung Vilmnitz, danach geht man weiter entlang der berühmten Deutschen Alleenstraße nach Klein Stresow.

Von dort aus marschiert man wie weiter oben beschrieben nach Groß Stresow, legt eine kurze Pause in „Haases Eishütte" ein und findet sich am Ende der Tagestour wieder in Lauterbach ein. Dort angekommen, heißt es auch noch einmal innegehalten, denn ab jetzt beginnt der recht dünn besiedelte Teil der Insel, darum sollte man nun überlegen, wieviel Verpflegung man für die finalen 40 bis 60 Kilometer benötigt.

Warum die Streckenlänge variiert, werde ich noch etwas weiter unten beschreiben. Gut, so allgemein und rein theoretisch kann man einen letzten Abstecher zum EDEKA nach Garz einplanen, aber ob das Sinn ergibt, möge sich jeder selber fragen und wird von mir hier an dieser Stelle offengelassen. Ich kann nur eindringlich jeden naturverbundenen Wanderer anraten, immer mal wieder den Blick vom Untergrund auch in Richtung Himmel zu richten. Nicht selten wird das Auge mit tollen Schleierwolken oder gar mit bizarren Wolkengestalten überrascht, die die frühkindlichen Fantasiewelten wiedererwecken mögen. Wahrscheinlich ist die Luft auf Rügen doch sauberer und klarer als anderswo.

Selbst der Weg heraus aus der Ortschaft, der sich direkt am Hafen vorbei, langgezogen durch Neuendorf schlängelt, ist malerisch schön. Nur allzu häufig werde ich von den traumhaftesten Fotomotiven gestoppt, um sie für mich im Bild festzuhalten. Kein Wunder, dass Rügen bei so vielen Malern beliebt ist!

Kurz hinter Neukamp empfehle ich, direkt an der Wasserkante entlang zu marschieren, denn auch hier erkennt man sehr schön, wie sich die Gezeiten Jahr um Jahr ein Stück von Rügen einverleiben, um Meter um Meter und leider auch Baum um Baum verschlingen. Dieses Teilstück nutze ich sehr gerne einmal für einen Spaziergang am Nachmittag. Je nach Jahreszeit und Wetterlage zeigt sich hier stets ein anderes Bild.

Das eine Mal ist der Pfad noch ein paar Meter von der Abbruchkante entfernt, aber die Bäume, die sich dem Meeresspiegel ergeben zuneigen, verraten, dass die aufbrausende See Welle um Welle ihren Tribut fordert. Wer weiß heute schon genau, wie lange es diesen Weg überhaupt noch geben wird? An anderen Stelle ist der Abbruch bereits dabei, den halben Wanderweg zu fressen. Also sollte man mit der eigenen Wandertour in diesen Bereich nicht allzu lange warten. Wenn man aus dem Wald heraustritt, erblickt man schon bald den Wreecher See.

Nur kurz hinter dieser Holzbohlenbrücke gibt es ein recht einsam gelegenes Restaurant, welches zu einem Kurzbesuch, aber mindestens zu einem Blick hinein einlädt. Das ganze Interieur ist dem U-Boot „Nautilus" aus dem Film „20.000 Meilen unter dem Meer" nachempfunden. Fehlt eigentlich nur noch Kapitän Nemo Hier bekommt das Wort Erlebnisgastronomie einen tieferen Sinn. Also hier habe ich mir das Anregende eines recht starken Kaffees und das Erfrischende eines eisgekühlten Bierchens gegönnt und was soll ich sagen, beides war durchaus prächtig. Wie beschrieben: hier sollte der abenteuerhungrige Tourist ruhig einmal einkehren! Gestärkt und erfrischt schnappe ich mir den Rucksack und starte erneut meinen Weg.

Ich bin immer wieder überrascht, wie rasch sich mein geschundener Körper von den Torturen der Tagesstrapazen zu erholen vermag! Klar muss auch ich mich ein paar hundert Meter erst wieder ein bisschen einlaufen, aber schwups, marschieren meine Beine erneut wie ein gut eingestellt laufendes Uhrwerk.

Beim Weitergehen werden meine Gedanken geweckt, dass nun der Teil Rügens beginnt, an denen wenige Wegführungen existieren, die direkt am Uferbereich verlaufen. Aber ich nutze jeden erdenklichen Schlenker, der mich erneut zur Küstenkante heranführt. Kurz vor Silmenitz entdecke ich auf meiner Rügenkarte eine Stelle, die mit dem Wort ‚Himmel' bezeichnet wird.

Irgendwie entzückt mich der Gedanke, direkt durch den Himmel zu wandern! Meine davon angeregten Gedankenspiele sagen mir: ‚Hey aufgepasst! Das muss er tatsächlich sein, der Wanderhimmel!' Jedoch, nur einige hundert Meter weiter entdecke ich am linken Fahrbahnrand ein Ortshinweisschild in gelber Pfeilform, welches meine Gedankengänge richtig einzuordnen versucht und mir auf die Sprünge hilft. Die Pfeilrichtung zeigt nach rechts und auf dem Schild steht geschrieben, was meine Fantasiewelt gerade mit mir spielt: Schabernack. Zu meiner eigenen Belustigung halte ich kurzum an, damit ich von dem überaus amüsierenden Wegweiser und mir ein Selfie für das später noch anzulegende Fotoalbum aufnehmen kann.

Ich bin jedenfalls immer wieder selber überrascht, zu welchen Gedankenanregungen mich die ausgiebige Zufuhr von frischer Luft, gepaart mit einem Überschuss an Zeit und Langeweile, verleiten vermag. Aber ich habe einmal mehr Glück, denn bevor ich durchdrehe, entdecke ich vor mir den ersten „echten" Wanderkollegen. Echt, soll hier nicht bewertend gemeint sein, sondern der Tatsache geschuldet, dass es sich bei der Person vor mir auch um einen Langstreckenwanderer handeln muss, das zumindest verrät mir bereits der Anblick der Ausrüstung. Beim Einholen bin ich erneut überrascht, weil sich wider Erwarten eine Frau zu mir umdreht und mich freudig grinsend begrüßt. Auch für sie bin ich der erste Wanderkollege, den sie trifft.

Hiermit möchte ich konsternieren, es sind eindeutig zu wenig Langstreckenwanderer auf der schönen Insel Rügen unterwegs. Um genau das zu ändern, habe ich dieses Buch geschrieben. Danke, dass du es gekauft hast und hier liest!
Ich muss nämlich hiermit kleinlaut zugeben, ich war ebenfalls voreingenommen. Mein eigener Irrglaube hat mir zuvor fälschlicherweise einzureden versucht, Rügen sei langweilig, da landwirtschaftlich monoton genutzt und durch die riesigen Ackerflächen deutlich zu eintönig. Quadratkilometer große Anbauflächen, die scheinbar von Horizont zu Horizont reichen, mit deren Mais, Weizen, Getreide und Rüben, um zu guter Letzt den Raps nicht zu vergessen.

Ja, es existieren tatsächlich Flächen, die diese gähnende Tristesse vermuten lassen und Rügen als Agrarland abzustempeln versuchen. Aber es gibt eben auch den viel größeren Teil der Insel mit den Buchenwäldern, die nicht umsonst zum UNESCO-Naturerbe erkoren wurden, die unfassbar schönen Hochuferwege, die abenteuerlichen Steilküsten und eben unglaublich vieles mehr, wovon meine Bilder nur einen Bruchteil der Schönheit einzufangen in der Lage sind. Die Wanderkollegin stellt sich mit Annika vor und sie fügt ungefragt hinzu, dass sie aus dem fernen Dortmund stamme und den langen E10 Wanderweg folge. Rügen ist auch im Herbst eine goldene Augenweide!

Wir entschließen uns kurzerhand, eine gemeinsame Rast einzulegen und setzen uns an den Wegesrand unmittelbar auf den Boden. Ziehen dabei parallel reflexartig unsere Wanderschuhe aus und Annika meint sofort, dass man genau an jener Handlung erkennen kann: Hier handelt es sich um Langstreckenwanderer. Wanderer, die eine lange Strecke hinter sich lassen, nutzen jede sich ergebende Chance, den geschundenen Füßen eine Atempause an der frischen Luft zu verpassen. Die wärmende Sonne trocknet rasch die schweißgetränkten Socken und ein echt herrliches Gefühl der Entspannung macht sich an den Fußsohlen bemerkbar. Was soll ich da sagen: Wo sie recht hat, hat sie eben recht!

Es ist stets dasselbe, beim Wanderer-Smalltalk geht es immer um das gleiche Thema: Wo kommst du her? Wohin gehst du und wie lange bist du schon unterwegs? Natürlich schwärmen wir uns beide gegenseitig von den aufgenommenen Wegeindrücken vor. Doch leider bemerke ich, dass uns unsere Wege schon bald wieder getrennt weiterwandern lassen, weil sie dem E10 folgt und ich in Kürze bei Zudar rechts abbiege, um auf die gleichnamige Halbinsel zu wandern. Doch uns bleiben die Zeit der Pause und ein paar gemeinsame Wanderkilometer, um einander näher kennenzulernen. Aber das reicht uns, um einen Eindruck zu erhalten.

Wir verabschieden uns voneinander, als wären wir schon ziemlich beste Freunde. Beim Weitergehen drehen wir uns unabhängig um und blicken dem anderen wehmütig hinterher.

Auf Zudar angekommen, laufe ich ab dem Ort Poppelvitz auf eine kleine Landzunge namens Heidekaten. Schnell bemerke ich, dass derselbe Weg, den ich hin zur Spitze nehme, auch mein Rückweg sein wird. Mein weiterer Fußmarsch bringt mich entlang der Schöritzer Wiek zum schön gelegenen Naturcampingplatz im Pritzwald. Von dort aus gehe ich über Gelbes Ufer nach Konower Ort, weiter zum Palmer Ort.

Dort breche ich entmutigt den Küstenmarsch ab, denn es erscheint mir unmöglich zu sein, am Ufer weiterzulaufen.

So wandere ich durch das Landesinnere nach Losenitz, weiter über Fossberg, Buhse zurück nach Zudar. Diese Wandertour auf der Halbinsel wirkt für mich recht konstruiert. Eigentlich muss ich mir selbst zugeben: Diese Halbinsel ist am Ufer nicht zu umwandern.

Ehrlich gesagt, kann man mit der Ausnahme der Melnitzer und der Uselitzer Wiek, das Wasser nur weit in der Ferne sehen. Wenigstens entdecke ich in der Uselitzer Wiek eine große Kormoran Siedlung, die meine Aufmerksamkeit für eine kleine Weile bindet.

Einen Abstecher zum Wussitzer Haken kann man sich nach meiner Meinung getrost sparen.

Ich muss einsehen, hier in dieser Gegend gibt es keinen küstennahen Wanderweg. Tröstlich erscheint der Zustand, dass man dafür für mehrere Kilometer Rügens Jakobsweg läuft.

Kurz hinter Sissow schwenke ich ab Benz am Gutshaus Kajahn vorbei zur Prosnitzer Schanze, die allerdings nicht ganz leicht zu finden ist, denn man muss in gebückter Haltung einem Ziegenpfad folgen, um dort die Stelle zu erreichen. Grundsätzlich ist sie nicht sonderlich spektakulär, aber zumindest scheint das hier die gegenüber dem Festland am naheliegendste Inselstelle zu sein. Um diese kleine Landzunge gibt es wenigstens einen kleinen Wanderweg, der zumindest in Küstennähe verläuft.

Der schmale Weg zur Schanze bleibt allerdings auch ein Weg der wieder zurück zu nehmen ist. Von dort aus marschiert man nach Prosnitz. Nach wenigen Kilometern steht man an einer Weggabelung. Hier muss man sich entscheiden, ob man die Halbinsel Drigge erwandern möchte oder aber nicht. Doch genau in diesem Bereich gibt es eine romantische Badestelle, die zum Verweilen einlädt. Dort kann man überlegen, ob man über Drigge wandert, denn dem Kartenmaterial und auch Google Maps widersprüchlich, existiert keine Möglichkeit, diesen Inselteil zu umwandern. Wer will, kann jedoch zur Inselspitze „Steinort" gelangen. Dorthin gibt es einen lohnenswerten Waldwanderweg.

Am Hals der Halbinsel muss man direkt hinter dem Ortsschild Drigge 2 am langgezogenen Haus nach links abbiegen. (Achtung: am Schild Drigge 1 ist man bereits zu weit!) Es sieht irreführend so aus, als würde man sich auf einem Privatgelände bewegen. Man läuft hinunter zur Wendemöglichkeit hinter dem Anglerverein und nimmt den letzten leicht versteckten Weg am Komposthaufen in den Wald hinein und folgt dem vizinalen Pfad entlang der Uferkante. Genau dieser Wanderpfad ist für 2,5 Kilometer ein „Träumchen." Man schreitet durch dunklen Kiefernwald, der sich dann in einen helllichten Birkenwald verwandelt. Der Weg endet direkt vor dem Kleingartenverein Drigge 1.

Genau gegenüber befindet sich der Waldweg, der, wenn man nicht zur Spitze vordringen will, einen wieder zurückführt. Auch diejenigen, die zur Inselspitze vordringen wollen, müssen hierher zum Inselhals zurückkehren, da ein Sperrgebiet eine Umwanderung verhindert. Man wandert bis man den Wald verlässt und steht vor der Wemper Wiek. Auch dort kann man bis zur Inselspitze des Wemper wandern. Romantische Badebuchten und Übernachtungsstellen im einsamen Wald laden ein. Aber auch von hier aus muss man denselben Forstweg zurücklaufen. Der Feldweg mündet in die Landstraße und dort geht man nach Gustow, wo man direkt am Ortseingang wieder auf den Jakobsweg trifft

Den wandert man bis nach Nesebanz, folgt ihm am Teich rechts auf dem Feldweg, bis das Feld, doch nicht der Weg zu Ende ist. Hier muss man sich erneut entscheiden: läuft man 80 Meter an der Landstraße zurück und marschiert über Klein Bandelvitz oder geht man den Radweg bis ans Ende, wo man die Straße nur kurzerhand überqueren muss.

Weiterführend verläuft der Wanderweg über die Grahler Fähre, um anschließend das finale Stück von Rügen zu wandern. Dort bieten sich am Wegesrand nun auch die letzten beiden Rastmöglichkeiten Rügens an. Von dort aus sind es nur noch schlappe 5 Kilometer bis in die Altstadt von Stralsund und damit meinen Start- und Zielpunkt der Rügen-Rundwanderung.

Ob man den Dänholm als eigene Insel betrachtet oder als einen Teil Rügens spielt nur eine untergeordnete Rolle, denn ein Umwandern ist im Handumdrehen geschehen. Doch eigentlich gehört er zur Hansestadt Stralsund. Möchte man die Insel dennoch erwandern, muss man beachten, dass sie in den Großen und Kleinen Dänholm unterteilt ist. Wenn man wieder einmal so viel Glück hat wie ich, kommt man bei Sonnenuntergang in Stralsund an. Dann sollte man sich in aller Ruhe auf dem Rügendamm dieses Spektakel, wie die Sonne purpurrot hinter der Silhouette der Stadt versinkt, anschauen.

Alle Wanderer sollten für sich persönlich entscheiden, ob sie jeden erdenklichen Zipfel von Rügen mitnehmen wollen oder sich davon nur die sehenswerten herauspicken. Je nachdem verlängert oder verkürzt sich natürlich die zu laufende Gesamtstrecke sehr deutlich.
Persönlich habe ich mir eine komplette Umwanderung von Ummanz, Bug, Zudar, Drigge und dem Dänholm ausgespart.
Als Kartenmaterial nutzte ich die Wander- und Radwanderkarte Rügen mit Hiddensee.
Mit dieser Karte und ein wenig Fantasie kann man den geschriebenen Text selbst am eigenen Schreibtisch sitzend in Gedanken mitgehen.
Jedoch ist es nur ein geringer Ersatz für das tolle Vergnügen, die Inselschönheit mit den eigenen Sinnen und Augen zu erfahren. Also kommt rasch nach Rügen und macht euch euren höchst persönlichen Eindruck von der Vielfalt!

Ich jedenfalls wünsche viel Spaß dabei.
Euer Lars-Oliver Schröder (Wanderlars)

Rügen Karte: ISBN N3-928397-06-0

Buch-Empfehlung

100 Weisheiten vom Jakobsweg

Wer den Camino geht, wirft einen langen Schatten voraus

Autor: Lars-Oliver Schröder

Um eben genau das zu sehen, was die Fotos im Bildband zeigen, muss Du die Anstrengung auf Dich laden deutlich mehr als eine Million Schritte zu beschreiten. Man startet in Saint-Jean-Piet-de-Port, bezwingt zu Fuß die Pyrenäen, schreitet durch Navarra dem Baskenland, weiter durch die Rioja-Gegend, quert die Meseta-Ebene und endet im traumschönen Galicien. Die Städte Pamplona, Logrono, Bourgos, Leon, Ponferada und viele mehr werden durchquert. Du musst Dich und deinen schweren Rucksack über den Gebirgszug Montes de Leon hoch zum Cruz de Ferro schleppen, dem höchsten Punkt des Camino Frances, der darüber hinaus auch eine sehr große Symbolkraft in sich trägt.

Man muss körperliche Schwerstarbeit vollbringen, willens sein Schmerz, Pein und Kasteiung über sich ergehen zu lassen.
Ob sich diese Anstrengungen sich für Dich lohnen?
Das wird Dir niemals ein einziges Buch beantworten können. Doch kein anderer Band zeigt den Camino so in seiner puren Essenz und reinsten Form, wie er hier in diesem Bildband gezeigt wird.

ISBN 978-3-7407-5174-6	**Paperback 14.99 €**
ISBN 978-3-7407-3902-7	E-Book 3.99 €

Buch-Empfehlung

100 Weisheiten vom Franziskusweg

Das Licht und die Zeichen zeigen dir den Weg

Autor: Lars-Oliver Schröder

Für gewöhnlich startet man den Franziskusweg an der Kathedrale di Santa Maria del Fiore inmitten von Florenz. Die zirka 600 Kilometer lange Strecke führt den Pilger durch die traumhafte Kulisse der Toskana, dem wenig besiedelten Umbrien und dem gar geschichtsträchtigen Latium. Einer der Höhepunkt liegt auf der halben Wegstrecke und ist die mittelalterlich wirkende Stadt Assisi in der man in der Basilika San Francesco das Grab aufsuchen sollte. Genauso erzählen die Städte Arezzo, Gubbio, Perugia, Spoleto, Terni, Rieti und zuletzt Rom die Geschichte des heiliggesprochenen Mannes.

Man wandelt auf seinen Spuren und kreuzt viele symbolträchtige Plätze oder Schauplätze seiner Wunder. Um genau all das selber zu sehen, was dieser Bildband einem zeigt, muss man die schiere Belastung auf sich nehmen und den durchaus recht beschwerlichen Pilgerweg, der über zahlreiche Berggipfel führt, mit den eigenen Füßen begehen. Es ist eine Last, die nicht lange auf eine Belohnung warten lässt. Der Pilger schreitet auf schmalen Wanderpfaden, genießt die traumhaften Wälder Mittel-Italiens und kommt zur Ruhe in der wenig besiedelten Natur, mit ihrer schreienden Stille.

Viel Spaß und Inspiration beim Betrachten!

ISBN 978-3-7407-5174-6 Paperback 14.99 €

ISBN 978-3-7407-3902-7 E-Book   3.99 €

Buch-Empfehlung

Soweit die Füße denken können

Der Jakobsweg – Dein Weg!?
Autor: Lars-Oliver Schröder

Nun stehst du da in der Mitte deines Lebens und bist auf der Suche nach neuen Wegen, auf der Suche nach neuem Sinn im Leben, aber wo, oder wie? Hier erzähle ich dir die Geschichte vom Camino Francés ohne ein dickes gefülltes Bankkonto oder Prominentenbonus. Ich kann es nur in den blumigsten, farbenfrohen Erzählungen beschreiben, welche Gefühle es in mir ausgelöst hat, loslassen zu können und meine Sünden in Santiago de Compostela vergeben zu bekommen. Ich habe etwas zu sagen und es will heraus aus mir. Heute bin ich ein anderer Mensch, denn ich habe Gottvertrauen und Hoffnung gefunden. Nun stehe ich an den Anfängen und gehe gerade den ersten zarten Schritt meines neuen Weges.

Die Veränderung läuft stets in drei Phasen ab. In der körperlichen-, in der mentalen- und der Phase der Erleuchtung. Der Leser begleitet den Pilger nicht nur auf Schritt und Tritt, sondern darf seine Gedankenwelt sowie die jeweiligen Überlegungen zu den verschiedensten Themen verfolgen. Der Schreiber verfällt unterwegs immer wieder in philosophische Ansätze. Mit einer Art „Hausfrauenphilosophie" fängt er den Leser und fesselt ihn mit seinen manchmal humorigen, aber auch tiefgreifenden Erzählungen.

Sehr unterhaltsam!

ISBN 978-3-7407-5174-6	**Paperback 18.99 €**
ISBN 978-3-7407-3902-7	E-Book 9.99 €

Buch-Empfehlung

Die phantastische Reise in das grenzenlose ICH

Der Franziskusweg – Mein Weg?!
Autor: Lars-Oliver Schröder

Nach der ersten Pilgerreise in Richtung Santiago de Compostela fand ich meinen langersehnten Seelenfrieden. Ich habe damals aber ein Detail übersehen, ein wesentliches Detail! Von dem Punkt aus, an dem ich jetzt wieder im Leben stand, war es so, als drehte ich mich nach hinten, blickte zurück und verarbeitete alle offenen Wunden und Fragen der Vergangenheit. Doch der Fehler bestand darin, dass ich mich nicht um 180° umdrehte und nach vorne, in die Zukunft blickte. Ich vergaß, mir zu überlegen, wie ich in der kommenden Zeit, in der Restzeit meines letzten Lebensabschnittes leben will. Doch den Franziskusweg marschiere ich heute aus einer geänderten nicht vergleichbaren Lebenssituation und Motivation heraus.

Ich stehe nahe an meinem 50. Geburtstag und will mir im Klaren werden, wie ich in Zukunft leben und existieren möchte. Die Fragenzeichen der Vergangenheit scheinen beantwortet. Wie sieht es aber mit den Antworten auf die Fragestellungen der vor mir liegenden Zeit aus? Ich empfinde mich heute an einem wichtigen Scheidepunkt. Blicke ich zurück, hat der Jakobsweg alle bestehenden Wunden beseitigt. Schaue ich nach vorne, so soll mir ein zweiter Pilgermarsch helfen, die perfekten Antworten auf die ausstehenden Fragen zu finden.

Sehr kurzweilig, ein Muss für alle Pilgerfreunde!

ISBN 978-3-74074-561-5   Paperback   14.99 €

ISBN: 978-3-74073-863-1   E-Book   9.99 €

Buch-Empfehlung – Erscheint demnächst

Denke nach und werde glücklich

Auf der Jagd nach dem schönsten Tag

Auskopplung als Kurzversion

Autor: Lars-Oliver Schröder

Eine Frage geht mir spontan durch den Kopf: Wann hatte ich eigentlich meinen glücklichsten Tag? Mit dieser Frage beginnt die spannende wie auch unterhaltsame Geschichte einer dreieinhalbmonatigen Wanderung quer durch Europa immer entlang des Jerusalemweges. Bei der sagenhaften Wanderung über mehrere tausend Kilometer, durch neun Länder sucht der Autor den glücklichsten Tag seines Lebens. Zur eigenen Inspiration interviewt er die unterschiedlichsten Personen, die er am Wegesrand unterwegs zufällig trifft. Erzählungen von einem sechsjährigen Kind bis hin zum neunzigjährigen Greis. Jede dieser erzählten Tage, hervorgebracht in den jeweils sehr unterschiedlichen Lebenssituationen liefern Antworten für den Buchleser. Schon beim Lesen selbst überlegt man unweigerlich, welches der eigene glücklichste Tag war. Spontan fängt man an sich im eigenen Umfeld umzuhören, wie sich andere im Bekanntenkreis mit dieser Fragestellung auseinandersetzen. Angereichert werden die zahlreichen Anekdoten von aberwitzigen Erlebnissen, die bei einer mehrmonatigen Wanderung dem Autor einfach passieren.

Die witzigsten und unglaublichsten Geschichten schreibt eben das Leben selbst!

Dieses Buch macht auf seine Art einfach nur glücklich!

ISBN 978-3-7407-5316-0   Paperback **13.99€**

ISBN   E-Book   **9.99€**

Buch-Empfehlung

Arthi und Marty
Ein ungleiches Paar

Autor: Lars-Oliver Schröder

Eine Männerfreundschaft im besten Alter, die wirklich ungleicher nicht sein kann! Der eine, extrem arm wie eine Kirchenmaus, jedoch unfassbar reich an Freunden, denn er ist ausgesprochen kontaktfreudig, sympathisch lustig und beliebt. Der andere, unvorstellbar reich und schier unbegrenzt an finanziellen Möglichkeiten, aber seine sozialen Kontakte sind gleich null. Sie treffen sich ausgerechnet in einer heruntergekommenen Spelunke und schließen nach einer kurzen Kennenlernphase sofort eine tiefe Freundschaft. Beide besitzen besondere Fähigkeiten, die sich für den jeweils anderen als ausgesprochen nützlich erweisen. Dadurch wird für sie eine Tür so groß wie ein Scheunentor aufgestoßen, denn sie lernen neue Dinge kennen, von denen beide zuvor nicht einmal zu träumen gewagt haben. Eine sehr lustige Geschichte, die durch die sehr differenten und recht gegensätzlichen Charaktere, gepaart mit einer großen Portion Humor, unsere heutige gesellschaftliche Geteiltheit aufgreift und dem Leser zeigt, dass jede Gesellschaftsschicht ihre Vorteile und Nachteile besitzt.

ISBN 978-3-7407-   Paperback 12.99€
                        E-Book   6.99€

Über den Autor:

Lars-Oliver Schröder, geboren am 20.02.1967 in Essen/Ruhr, aufgewachsen mit acht Geschwistern, ist Vater von drei erwachsenen Söhnen. Heute lebt er in Stralsund. Er war über 20 Jahre in Top-Management-Positionen beschäftigt, bevor in seinem Leben eine 180°-Wendung ihn zum Schreiben lenkte. Freunde bezeichnen ihn als einen ewigen Optimisten, eine Frohnatur oder ein Stehaufmännchen. Von jeher hörten ihm alle Gesellschaftsschichten und Altersgruppen bei seinen Ausführungen und Geschichten gebannt zu. Sei es auf Familienfesten, bei Firmenvorträgen, öffentlichen Auftritten oder aber „nur" bei Gute-Nacht-Geschichten, immer wurde mehr von ihm verlangt: „Komm, erzähl uns noch eine Anekdote", „gib uns noch eine zum Besten", „nochmal Papa, nochmal." Er machte seine Tugend zur Leidenschaft und begann „seine" Geschichten aufzuschreiben.

In seinen Pilgerberichten gibt der Autor auf sehr anschauliche wie augenzwinkernde Weise die Antworten auf die drei wesentlichen Fragestellungen seines Lebens, um damit genauso der Leserschaft Inspirationen zu geben, für sich eigene zu finden. Auf dem Jakobsweg, den er ein Jahr zuvor ging, arbeitete er seine Vergangenheit ab, doch ein wesentliches Detail wurde vergessen. Wie soll die zukünftige Restzeit des vor ihm liegenden Lebens aussehen? Es ist zugleich eine Grundfrage und wichtige Fragestellung der heutigen Zeit, mit der sich fast alle Menschen in ihrer zweiten Lebenshälfte beschäftigen.